TAG DER FREIHEIT 2013

17 Zeilen für die Freiheit

17 ZEILEN FÜR DIE FREIHEIT

Individuelle Freiheitsgedanken
zum Tag der Freiheit
2013

herausgegeben von
Michael von Prollius und Christoph Widenhorn

Originalausgabe
FREIHEITSWERK, Berlin
Herstellung und Verlag: BoD – Books on Demand
© 2013 bei den Autoren
Alle Rechte vorbehalten.
Bild: Bundesarchiv, Bild 183-20153-0001 / CC-BY-SA
Creative Commons-Lizenz Namensnennung-Weitergabe
unter gleichen Bedingungen 3.0
ISBN 978-3-7322-9629-3
Cover: Stefan Blankertz
Druckvorbereitung: Kalle Kappner

INHALT

EINFÜHRUNG

Freiheit ist auch 60 Jahre nach dem spontanen Volksaufstand am 17. Juni 1953 noch nicht in ausreichendem Maße gewonnen, keinesfalls weltweit und auch im Westen nur unzureichend. Das liegt nicht nur an äußeren, sichtbaren, kontinuierlich kritisierten Umständen. Vielmehr liegt der Schlüssel zur Freiheit in uns selbst.

Dazu passend ist ein Schwerpunkt des nach 2012 zweiten Bandes zum „Tag der Freiheit" die innere Freiheit. Mehrere der 17 Autoren betonen in ihren 17 Zeilen für die Freiheit, dass eine Lebensaufgabe darin bestehen kann „seinen ganz eigenen Weg [zu] gehen", um „Freiheit in ihrer wahren inneren Güte, voller Sinn, Schönheit, Kraft und innerem Glück" zu erfahren.[*] Hinzu kommt das Plädoyer, den Blick nach innen zu richten und loszulassen, um mit freier Wahrnehmung einen wirklich freien Willen zu entwickeln. Finden wir Freiheit also wirklich zuerst in uns selbst? Erreichen wir Freiheit, wenn wir wir selbst sind? Was meinen Sie, liebe Leser? Vieles spricht für folgende Auffassung: Freiheit ist Leben, wenn es selbstbestimmt ist.

Die Perspektive „Innere Freiheit" hat Vorteile, im Wissen, dass sie nicht absolut ist. Innere Freiheit macht uns unabhängig von Umständen, die zuweilen übermächtig erscheinen. Sie ist eine wesentliche Voraussetzung für Lebensglück und kann tatsächlich unabhängig von den Umständen sein, in denen wir leben. Freiheit ist nicht zuletzt ein Gefühl. Außerdem erleichtert innere Freiheit Veränderungen und Anpassungen. Für Freiheitsfreunde sei ein weiterer Vorteil erwähnt: die Ausweitung der gleichermaßen dominierenden wie eingeschränkten Perspektive auf den Staat als Leviathan, als Schuldigen. Zugleich bietet der Blick nach innen eine Alternative zum Res-

---

[*] Die Beiträge sind zuerst im 17-Zeilen-Format im Internet veröffentlich worden: http://tag-der-freiheit.org/.

sourcendeterminismus der Verfechter „sozialer Gerechtigkeit"; sie sehen bekanntlich in der (materiellen) gesellschaftlichen Teilhabe die Voraussetzung für Freiheit und Lebensglück. Freiheitsfreunde zweifeln an den Versprechungen und Verlockungen, dass andere für unser Glück sorgen – durch Freiheitsentzug.

Innere Freiheit, in sich ruhen, Unabhängigkeit und emotionale Ausgeglichenheit, ferner Achtsamkeit, Mitgefühl und ein prinzipientreues Leben im Einsatz für die Freiheit sind gute Voraussetzungen, um einer freien Gesellschaft näher zu kommen. Aus den Texten lässt sich die Auffassung entnehmen, dass der Einsatz für die Freiheit zur persönlichen Erfüllung führt. Ein bemerkenswerter Nebeneffekt innerer Freiheit könnte darin bestehen, dem liberalen Gesellschaften innewohnenden Mangel an Utopie und Sehnsüchte erfüllenden Versprechen zu heilen. Auch auf andere Weise kann man zur Einschätzung gelangen: „Freiheit ist die Mutter der Würde, der Wahrheit, des Anstands, der Liebe."

Unverändert, möglicherweise zunehmend wird Freiheit heute durch eine überbordende Fülle von Beschränkungen und Behinderungen gefährdet. Eine Brücke zwischen innerer und äußerer Freiheit lässt sich mit dem Recht schlagen: „Meine Freiheit ist nicht dadurch eingeschränkt, dass ich etwas nicht tun kann, sondern nur dann, wenn ich es nicht tun darf." heißt es in einem Beitrag. In anderen wird auf den (gesetzlichen) Monopolismus als Freiheitsbeschränkung hingewiesen, der andersdenkende Menschen zu Geächteten machen kann, und ein alternativer Vorschlag zum Grundgesetz auf nur 17 Zeilen formuliert.

Autoren regen zudem ein ehrenvolles Gedenken an diejenigen an, die sich für die Freiheit geopfert haben. Freiheit wird einerseits als Gottesgeschenk gesehen und in individueller Perspektive betont: „Wir sind frei, maß- und grenzenlos zu lieben." Andererseits wird die Verteidigung der Freiheit gegen

Gott für notwendig erachtet, wenn die Gottesvorstellung in Konflikt mit der Freiheit gerät. Auf zwei bedeutsame Themen sei noch hingewiesen: das unfreie Zentralbankgeldsystem, das seinen 17. Juni noch erleben wird, und die (Un-)Freiheit der Tiere: „Wer von uns möchte schon im Käfig sitzen, sei er auch golden?". Die Sonderbeiträge enthalten persönliche Erinnerungen an den Sozialismus, das Verhältnis von Staat und Freiheit sowie das Zitat eines klassischen Freiheitsdenkers.

Ein Fazit zu den gedankenreichen Beiträgen zum Tag der Freiheit 2013 könnte lauten: Die Freiheit liegt in uns. Wer sie außen sucht, wird nicht umhin kommen, die Welt zu ändern. Und wer die Freiheit in sich erkennt, verändert die Welt.

Möge die Freiheit mit Ihnen sein, liebe Leser. Die kleine Freiheitsinspiration kann Sie begleiten und inspirieren – bis zum nächsten Tag der Freiheit.

Berlin, im August 2013

MICHAEL VON PROLLIUS

VERDIENTE FREIHEIT IST EROBERTE FREIHEIT

> „Das ist der Weisheit letzter Schluss:
> Nur der verdient sich Freiheit und das Leben,
> Der täglich sie erobern muss."*

Zum 60. Jahrestag des 17. Juni 1953 erinnern wir an Helden und Opfer des Volksaufstandes mit ehrenvollem Gedenken.

Uns ist aber auch bewusst, dass es danach und bis heute (wie in Syrien) totalitären Regimen immer wieder gelungen ist und gelingt, den Ruf der Völker nach Freiheit mit Waffengewalt zu unterdrücken. Den arabischen Frühling müssen wir auch als gescheitert ansehen.

Fausts letzte Worte sind ein Aufruf zum Kampf für die Freiheit, aber die Eroberung der Freiheit ist damit noch lange nicht gewährleistet. Dennoch hat mich dieser Appell seit der Schulzeit mein Leben lang als Aufmunterung begleitet und oft motiviert, zu handeln oder nicht aufzugeben. Ich bin überzeugt, dass die Bereitschaft und der Wille, täglich ohne Angst vor einem Scheitern für die individuelle Freiheit zu kämpfen, den Weg zu einem erfüllten Leben in Familie und Beruf ebnet.

Nimmt der Staat dem Individuum durch ein Füllhorn von unentgeltlichen Sozialleistungen den Zwang und die Bereitschaft zur Eigenleistung, so strapaziert er nicht nur seine Ressourcen, sondern demotiviert auch den Einzelnen, sich täglich um die Eroberung eines Lebens in individueller Freiheit zu bemühen.

HARALD V. SEEFRIED

* Das Zitat „Das ist der Weisheit letzter Schluss" stammt aus: Johann Wolfgang v. Goethe, „Faust, Der Tragödie zweiter Teil", fünfter Akt

SIEBZEHNTER JUNI

In der Nacht kommen sie, mal leiser
Am Tag reden sie, mal lauter
Schmieden an meinem Glück, an deinem
Legen mir die Zukunft zu Füßen, und dir
Mein Verzicht, und deiner
Viel auf Zeit, für den Moment
Weniger heute, an Freiheit
Sichert Freiheit von morgen
An großen Worten stark, und Liedern
Treu, die Jugend eingeschworen
Besungen, dass einst die Zukunft kommt
Doch von dir hat man nie gehört
Lesen kann man nur noch
Die Toten haben es verdient
Belogen, und es nicht gemerkt
Gestorben, und sich nicht erinnert
Stalinallee, wo Freiheit ihren Namen nicht wert war.

FREIHEIT

Innerlich voller Kraft und Stärke
ohne die Fesseln der Vergangenheit und alter Überzeugungen
seinen ganz eigenen Weg gehen.
Frei, unbeschwert, glücklich und zufrieden,
offen für alles, was den Weg umrahmt.
Das könnte Freiheit in ihrer wahren inneren Güte,
voller Sinn, Schönheit, Kraft und innerem Glück sein.
Dann ist all jenes sinnlos und wirkungslos geworden,
das diesen Drang, diese Sehnsucht als innere Kraft
von außen beschränkt, behindert und beklemmt
in der Entfaltung seiner Selbst,
als der Freiheit oberstes Gebot.
Dann wird klar,
warum das Suchen der Schuld im Außen
in einen Irrweg führt,
weg von der inneren Kraftquelle -
der inneren Freiheit.

GORDON MÜLLER-ESCHENBACH

EIN NEUES GRUNDGESETZ AUF 17 ZEILEN

Glück ist, wenn man es selber macht. Deshalb

1. darf niemand ohne seine ausdrückliche Zustimmung in seinem Streben nach Glück, in seiner Gesundheit, seiner körperlichen und seelischen Integrität, seinem Leben und seinem Eigentum beeinträchtigt werden;

2. darf niemand ohne ausdrückliche Zustimmung daran gehindert werden, Organisationen zu gründen und zu betreiben. Dies darf wiederum Regel Nr. 1 nicht verletzen, also

- darf niemand ohne ausdrückliche Zustimmung zur Mitgliedschaft in einer Organisation gezwungen werden, auch wenn diese sich "Staat" nennt;
- darf keine Organisation den Anspruch auf ein Monopol erheben, auch nicht in den Bereichen Gesetzgebung, Justiz und Gewalt.

3. Übergangsbestimmung: Die Organisation „Bundesrepublik Deutschland" wird aufgelöst. Ihre Organe sind bei persönlicher Verantwortlichkeit verpflichtet, die Liquidation ohne Verzug voranzutreiben.

4. Dieses Grundgesetz wird nicht verordnet, sondern gilt als Naturgesetzmässigkeit. Seine noch mangelhafte Durchsetzung liegt an entgegen gesetzten Macht- und Denkverhältnissen.

DAVID DÜRR

Anmerkung: Das Original dieses Beitrags bezieht sich auf die Schweiz, David Dürr leiht es aber gern seinen Freunden in Deutschland aus.

FREIHEIT

Freiheit ist die Mutter der Würde, der Wahrheit, des Anstands, der Liebe. Und auch des Fortschritts und des Wohlstands.

Freiheit ist so bunt und chaotisch, so formlos wie die Summe aller Menschen – und darum die einzig menschliche Ordnung.

Freiheit ist das Ideal, für das wir uns einsetzen, aus Überzeugung, mit Begeisterung. Freiheit ist eine Utopie, die verheissungsvoll lockt, und sich doch immer wieder unserem Zugriff entzieht.

Freiheit ist eine Floskel, die begraben wird unter Steuerparagraphen, Handelsabkommen, Sicherheitsnormen, Pflanzenschutzdirektiven,...

Freiheit ist Kälte, wenn der Zwang vorgibt, das Gute und Richtige einfach zur Realität machen zu können.

Und dann sehen wir, wie sich zerbrechliche Menschen rollenden Staatsmaschinen in den Weg stellen. Wie Menschen aufbegehren, sich der Herrschaft widersetzen. Aus Empörung über die Anmaßung der Entmündigung. Angefeuert durch die Ungerechtigkeit der Gewalt. Beseelt durch einen Wunsch: Freiheit. Ein Weckruf, der uns erschüttert, demütig macht, den Blick befreit:

Freiheit ist die Mutter der Würde, der Wahrheit, des Anstands, der Liebe.

6

OUTLAWS

Der Staat: „Die Allgemeinheit hat ein berechtigtes Interesse daran, der Entstehung von Parallelgesellschaften entgegenzuwirken." Seine Hörigen rufen: „Wir sind der Staat." Lug und Trug.

Individuen, die sich nicht der staatlich definierten Gesellschaft zugehörig fühlen, sind per Definition kriminell.
Outlaws. Gruppen, die sich nicht der staatlich definierten Gesellschaft zugehörig fühlen, sind per Definition kriminelle Vereinigungen.

Sie alle sind Outlaws. Denn das Gesetz ist des Staates.
Outlaws rufen nicht: „Wir sind der Staat." Outlaws bezirzen die Steuersklaven. Anders sein. Frei sein.

Und Väterchen Staat schmiedet Gesetze gegen sie. Denn er fürchtet den Markt, zittert vor jedem Hauch von Konkurrenz. Es sei der kalte Markt, die herzlose Konkurrenz.

Schutz des Bürgers? Schutz des Leviathans! Outlaws sind seine Konkurrenz. Tief bewegt ihn Furcht. Er ahnt: Auf dem freien Markt der Gesellschaften rückte seine Insolvenz ganz nah.

Und auch deshalb gilt: Markt oder Staat! Mensch oder Monopol!

WAS IST FREIHEIT?

Was ist Freiheit?
Vernachlässigen wir bei der Beschäftigung mit den Werten
    der Freiheit
nicht viel zu häufig den Blick nach innen?
Ist nicht innere Freiheit der Zustand,
nach dem wir für ein erfülltes Dasein streben?
Innere Freiheit bedeutet für mich, loslassen können.
Ein Ablassen von Erwartungen, Vorstellungen und
    Werthülsen,
von inneren Mustern aus negativen Emotionen.
Nur dann ist eine freie Wahrnehmung der Wirklichkeit
    möglich.
Nur auf diese Weise kann ich meinen freien Willen
    herausbilden.
Nur so gelingt es, meine freien Wünsche zu leben.
Beide Themen – innere wie äußere Freiheit – eint vieles.
Ob die eine der anderen bedarf, erscheint hingegen fraglich.
In Anlehnung an den Lehrmeister aus "Huhn mit Pflaumen":
"Technik kann jeder – Inhalte sind es, auf die es ankommt."
Freie geistige wie seelische,
die unser Glück ausmachen, möchte ich hinzufügen.

ISABELL HEUBER

DIE FREIHEIT IST IN DIR

Im alltäglichen Ringen um Freiheit vom Staat und angesichts der Versprechungen von Freiheit durch den Staat droht etwas wesentliches in Vergessenheit zu geraten: Die Freiheit ist in Dir! Nicht der Staat gibt Freiheit. Freiheit wird zwar zuweilen errungen, selten geschenkt. Wir finden Freiheit aber zu allererst in uns – genauso wie Freude und Glück.

Eine wichtige Voraussetzung ist mit Peter Bieri erfüllt, „wenn es uns gelingt, im Handeln, im Denken, Fühlen und Wollen der zu sein, der wir sein möchten." Das bedeutet nichts anderes als ein selbstbestimmtes Leben zu führen. Sobald das Bild von uns selbst mit der Realität übereinstimmt, sind wir dem nahe. Dann ist uns die proportionierlichste Bildung der Kräfte zu einem Ganzen im humboldtschen Sinne gelungen.

Selbstbestimmung setzt zunächst innere Unabhängigkeit voraus. Dafür gilt es, sich um sich selbst zu kümmern. Eigene Irrtümer und Wünsche zu erkennen. Die Verbindung zur guten Lebensenergie, die stets vorhanden ist, immer wieder aufzubauen. (Selbst)Bildung ist dafür ein wesentlicher Schritt zur Freiheit. Dann können wir das Glück der Freiheit spüren. Und zusammen mit anderen Menschen erleben.

SIND WIR ENDLICH FREI?

Der Aufstand des 17. Juni richtete sich gegen die wirtschaftliche und politische Unfreiheit im Sozialismus. Sind wir nun, nach dem Zusammenbruch dieses Systems der totalen staatlichen Kontrolle von Wirtschaft und Gesellschaft, endlich frei?

Sind wir frei, solange ein bedeutender Teil der Gesellschaft nach wie vor das Privileg genießt, von Zwangsabgaben der restlichen Bevölkerung zu leben, ohne zu einer freiwillig bezahlten Gegenleistung verpflichtet zu sein, während alle anderen Bürger der für eine funktionierende Wirtschaft unabdingbaren Notwendigkeit unterliegen, ihr Einkommen durch freiwillige Zuwendungen ihrer Mitbürger für von diesen tatsächlich gewünschte Leistungen zu erzielen und so mit ihrer Arbeit die für das Überleben der gesamten Gesellschaft erforderlichen Werte zu schaffen? Sind wir frei, solange durch Zwangsabgaben finanzierte Politiker und Bürokraten auf lokaler, nationaler und europäischer Ebene das Handeln aller anderen Bürger bis ins letzte Detail reglementieren, die Ergebnisse freiwilligen Handelns mit gewaltsamen Eingriffen nach willkürlichen Maßstäben korrigieren, insolvente Banken und bankrotte Staaten mit Mitteln aus Zwangsabgaben retten, aber für die Ergebnisse dieser Interventionen nie persönliche Verantwortung übernehmen?

Auch 60 Jahre nach dem 17. Juni 1953 ist unsere Freiheit noch nicht gewonnen.

10 ZUR LIEBE HIN BEFREIT

Die Freiheit ist ein Geschenk. Sie ist ein Geschenk Gottes. Er hat sie uns geschenkt, weil Er will, daß wir, die wir nach Seinem Bilde geschaffen sind, aus freiem Willen so werden wie Er. Er, der selber die Liebe ist.

Zwang und Liebe schließen sich aus. Bindung und Lieb sind dagegen zwei Seiten einer Medaille. Nur wenn wir aus freien Stücken das und Vor- und Aufgegebene anerkennen - woher wir kommen, wohin wir gehen -, werden wir wahrhaft frei und glücklich sein.

Der größte Feind recht verstandener Freiheit ist der Relativismus, der behauptet, auch jener wäre frei, der sündigt und dem Laster anhängt. Doch ist dieser ein Sklave, ein Getriebener seiner Leidenschaften.

Letztlich stellt der Relativismus den Menschen selber in Frage: Wo es keine Wahrheit über den Menschen gibt, gibt es auch keine Freiheit. Und wo Gott, der Schöpfer aller Dinge, geleugnet wird, verdunstet das Wissen über das Mensch-Sein.

Nur in dessen vorbehaltloser Anerkennung begreifen wir die Freiheit in ihrer ganzen Herrlichkeit: Wir sind frei, maß- und grenzenlos zu lieben.

GREGOR HOCHREITER

FREIHEIT UND RECHT

Freiheit ist eine Frage des Rechts, nicht der Naturgesetze, der Biologie, der Psychologie oder des persönlichen Wohlbefindens. Meine Freiheit ist nicht dadurch eingeschränkt, dass ich etwas nicht tun kann, sondern nur dann, wenn ich es nicht tun darf. Wenn meine körperlichen und geistigen Fähigkeiten mir Grenzen setzen, dann bin ich deshalb nicht unfrei. Wenn ich unzufrieden und unglücklich mit den Folgen meiner Entscheidungen bin, dann bin ich deshalb nicht unfrei. Freiheit besteht darin, die eigenen Ziele verfolgen zu dürfen, nicht in dem Anspruch sie erreichen zu können. Die Freiheitsrechte des einen finden ihre Grenze in den Freiheitsrechten der anderen. Frei bin ich, wenn ich das Recht habe, das zu tun, was die Rechte anderer nicht verletzt. Freiheit heißt nicht, dass Menschen keine Bindungen eingehen, sondern dass sie sie aus freien Stücken eingehen. Das tun sie, indem sie miteinander Absprachen treffen und Verträge schließen. Der Inhalt dieser Absprachen und Verträge ist ihre ganz eigene Angelegenheit, solange sie dabei die Freiheit anderer nicht einschränken. Auf diese Weise dürfen Menschen aus freien Stücken Vereinigungen gründen und sich selbst Regeln geben. Die Rechtsordnung soll die Handlungsautonomie des Einzelnen, die Einhaltung der Verträge und die Freiwilligkeit des Ein- und Austritts in die Vereinigungen sicherstellen.

FÜR EIN VOLK VON EIGENTÜMERN

Eine „Vergesellschaftung" der Produktionsmittel bereichert nicht die Arbeiter, sondern macht alle ärmer. Nur die Marktwirtschaft kann Wohlstand für alle bringen. Der Arbeiteraufstand vom 17. Juni 1953 entlarvte die unvermeidliche Diskrepanz zwischen Anspruch und Wirklichkeit eines sozialistischen Regimes und wird immer ein Gedenktag bleiben für das Unsoziale einer Politik, die alle enteignet und einer zentralen Kommandowirtschaft unterwirft. Sozial ist eine Wirtschaftsordnung, die vielmehr alle zu Eigentümern macht, statt sie wie Gemüse zu bewirtschaften. Auch der realexistierende Kapitalismus ist keine Marktwirtschaft. Er ist eine Zentralbankwirtschaft, in der alles der monetären Planwirtschaft des Teilreservebankwesens auf Papiergeldbasis unterworfen ist. Mit ausdrücklicher Erlaubnis des Staates schöpfen Banken Geld aus dem Nichts und verleihen es gegen sogenannte Zinsen, insbesondere an den Staat, der auf diese Weise mehr ausgeben kann, als er durch sichtbare Steuern einnimmt. So werden die Menschen schleichend enteignet und zu Schuldnern gemacht eines Ausbeutungskartells aus Finanzklerus und politischer Klasse. Dieses Papiergeldregime und der noch oben draufgesattelte Euro-Sozialismus werden früher oder später ihren „17. Juni" erleben.

FREIHEIT BEDEUTET...

Freiheit bedeutet, die Abwesenheit von Zwang.

Freiheit bedeutet, selbst zu entscheiden, welche Währung ich annehme.

Freiheit bedeutet, selbst zu entscheiden, ob mein Arzt studiert hat.

Freiheit bedeutet, ohne Intervention Verträge abzuschließen, solange man anderen nicht schadet.

Freiheit bedeutet, selbst zu entscheiden, ob man geschützt werden möchte.

Freiheit bedeutet, Waffen tragen zu können.

Freiheit bedeutet, selbst zu entscheiden, sein Leben zu Leben, ohne Lizenzen.

Freiheit bedeutet, selbst zu entscheiden, ob man dick oder dünn sein möchte.

Freiheit bedeutet, niemandem etwas aufzuzwingen.

Freiheit bedeutet, selbst sein Risiko zu tragen.

Freiheit bedeutet, Eigenverantwortung.

Freiheit bedeutet ein Leben ohne Angst.

Freiheit bedeutet Frieden.

Freiheit bedeutet Wohlstand.

Freiheit bedeutet mir viel.

Freiheit bedeutet Leben.

JULIEN BÖKER

UN-FREIE LEBENS-FORMEN

Der Berliner Zoo ist eine wichtige Institution, um exotische Tiere jeglicher Couleur zu betrachten. Augenscheinlich ist dabei der recht bescheidene Raum, auf dem sich viele Tiere bewegen können.

Wer einmal die Möglichkeit hatte, diese Tiere in ihrem natürlichen Lebensraum zu erleben, stellt sich die Frage, ob die oft von Geburt an im Zoo habituierten Tiere frei sind, in ihrem unfreien Lebensraum.

Wer mag schon beurteilen, was diese Tiere fühlen. Indes wird einem das Herz schwer, wenn man einige Tiere im Zoo beobachtet, die mit leerem Blick umherstreifen. Anderen ergeht es besser.

Schon Rilke hat in seinem Gedicht „Der Panther. Im Jardin des Plantes" festgestellt, dass manche Tiere nicht für den Zoo geeignet sind und wir uns von der Gewohnheit verabschieden sollten, jede Tierart jederzeit besuchen zu können.

Der Respekt vor dem individuellen, artgerechten Lebensraum sollte Vorrang besitzen. Das Leben auf eine solche Weise ebenfalls. Wer von uns möchte schon im Käfig sitzen, sei er auch golden? Und wenn, so möchte man diese Entscheidung doch aus freien Stücken treffen. Der Mensch trägt eine große Verantwortung – das gilt gerade für das Leben und Wohlergehen der Tiere.

DIE KOMPLIZIERTE FREIHEIT

Zur großen Verführungsmacht des Sozialismus gehört, dass er ein quasireligiöses Welterklärungssystem bietet, das die Verhältnisse nicht nur in ein einfaches Gegenüber von Gut und Böse, sondern den Menschen jenen Glauben schenkt, nach denen die so beharrlich verlangen. Das ist seine utopische Essenz – er knüpft dabei an uralte mythische Sehnsüchte an. Geblieben sind von alledem nur die Verheerungen der verwirklichten Utopie. Auf der anderen Seite ist es der große, gleichsam angeborene Mangel liberaler Gesellschaften, das sie keine greifbaren, die Leiden und Ängste der Menschen rechtfertigenden Lebenssinn vermitteln. Auch halten sie keinen mobilisierenden Zukunftsprospekt bereit. Die politischen und wirtschaftlichen Prinzipien der freien Gesellschaft sind laut Ralf Dahrendorf „cold projects". Als bloße Bedingungen freiheitlicher Verhältnisse ergreife sie niemanden, stillen keine Sehnsucht. Ihr Mangel an utopischen Vorgaben und unverrückbaren Wahrheiten, der abstrakte Charakter ihres Regelwerkes entspricht nicht der atavistischen Gefühlswelt, in der der Mensch (evolutorisch immer noch dem Stammesleben der früheren Zeit verhaftet) heute lebt. Hinzu kommt, dass gerade die offenen Gesellschaften der wirksamste Schrittmacher moderner Zustände sind und folglich unablässig vorantreiben, was sie untergräbt.

CHRISTOPH BRAUNSCHWEIG

FREIHEIT, DER HÖCHSTE WERT

Es sagt sich leicht: „Freiheit ist der höchste Wert". Doch das Bekenntnis zur Freiheit als höchstem Wert bedeutet, daß alle anderen Werte der Freiheit nachgeordnet sind.

Die Vorstellung von dem einen Gott ist ein Resultat dieser Freiheit. Nicht die Freiheit hat ihren Ausgangspunkt in einem vorgestellten Gott, sondern die Gottesvorstellung hat ihren Ausgangspunkt in der Freiheit, sich das Unwahrscheinliche vorzustellen.

Die Vorstellung des einen Gottes besteht darin, daß dieser der Ausgangspunkt, der Schöpfer, aller Dinge ist. Er ist auch der Schöpfer der Freiheit, die er dem Menschen gewährt. Wenn jedoch Gott der Schöpfer der Freiheit ist, dann ist diese nicht mehr der höchste Wert. Dann ist Gott, der neben allen anderen Dingen, dem Menschen die Freiheit gewährt, der höchste Wert. Er kann die Freiheit, die er geschaffen und dem Menschen gewährt hat, auch wieder nehmen.

„Freiheit ist für mich der höchste Wert", bedeutet in letzter Konsequenz, bereit zu sein, die Gottesvorstellung aufzugeben und die Freiheit gegen Gott zu verteidigen, wenn die Gottesvorstellung in Konflikt mit der Freiheit gerät. Ansonsten bleibt das Bekenntnis zur Freiheit als höchstem Wert nur ein Lippenbekenntnis.

DIE FREIHEIT VOM STAATE

Der von den reinwirtschaftlichen Beziehungen an Freiheit gewohnte Mensch will auch im übrigen Leben Freiheit. Daher geht Hand in Hand mit der Entwicklung des Kapitalismus das Bestreben, im Staate alle Willkür und alle persönliche Abhängigkeit auszuschalten. Subjektive Rechte der Staatsbürger auch im öffentlichen Rechte zu erlangen, das freie Ermessen der Behörden möglichst einzuschränken, ist das Ziel der bürgerlichen Freiheitsbewegung. Sie fordert Recht, nicht Gnade. Und sie erkennt bald, daß es zur Verwirklichung dieser Forderung kein anderes Mittel gibt als stärkste Zurückdrängung der Gewalt des Staates über den Einzelnen, daß die Freiheit in der Freiheit vom Staate besteht. Denn der Staat, dieser ... gesellschaftliche Zwangsapparat, ist nur soweit für die Freiheit ungefährlich, als er in seinem Handeln an eindeutige, allgemein verbindliche Normen gebunden werden kann… Was darüber hinausgeht, kann weder an Gesetze gebunden noch auf andere Weise so beschränkt werden, daß die Willkür der Organe genug begrenzt wird. Dann steht der Einzelne den Entscheidungen der Beamten schutzlos gegenüber...
Das ist Unfreiheit.

LUDWIG VON MISES

GEGEN DAS VERGESSEN

Es gibt sie wieder, die Sehnsucht nach einem wirklichen Sozialismus, sogar nostalgische Gedanken an eine "sozialere" DDR. Realitäten werden verdrängt. Erinnerungen von Zeitzeugen können hilfreich sein.

In Neu-Brandenburg besuchte ich im März 1990 einen "Volkseigenen Betrieb der NAGEMA" (Nahrungs- und Genussmittelmaschinen). Just an diesem Tage wurde die Betriebsgewerkschaftsleitung abgewählt. Die Frustration der "Eigentümer" zeigte sich an allen Wänden und Türen: „Nie wieder Sozialismus!"

Die Realität des Sozialismus übertraf meine schlimmsten Erwartungen. Angeblich waren im Betrieb 1.900 Menschen beschäftigt, aber im Gespräch wurde eine massive verdeckte Arbeitslosigkeit eingeräumt.

Verglichen mit einem gleichartigen westlichen Betrieb lag die Produktivität nur bei 30 Prozent. Der gesamte Maschinenpark war veraltet. Die Arbeitsbedingungen waren miserabel. Menschen mussten ohne Tageslicht arbeiten. Die Hallen waren sanierungsreif. Die normale Arbeitszeit lag bei wöchentlich 43 3/4 Stunden, also wesentlich höher als in einem kapitalistischen Betrieb. Abenteuerlich war die Fahrt nach Neubrandenburg. Der Zustand der Straßen war nicht nur miserabel, streckenweise waren es unbefahrbare Pisten.
In der Not wächst die Solidarität. Es findet sich ein besonderes Miteinander der Menschen, wie ich es noch in der furchtbaren Nachkriegszeit kennen lernte, worauf die heutige Nostalgie beruht und Solidarität idealisiert wird.

Karl Eduard von Schnitzler brachte in seinem "Schwarzen Kanal" Zerrbilder des westlichen Kapitalismus, beschrieb Missstände oder auch Ärgernisse. Die Realitäten der kapitalistischen Arbeitswelt wurden den Bürgern der DDR indes nicht vermittelt.

Als nach der Wende Kollegen aus der DDR die HAUNI-Werke besuchten, waren sie über die Arbeitsbedingungen ziemlich erstaunt. Das galt besonders für die sanitären Anlagen, aber auch dafür, dass sich ihre Kolleginnen und Kollegen nicht vom Arbeitgeber ausgebeutet fühlten, eher noch vom Staat, der mit seinen Steuern und Abgaben das Nettoeinkommen ständig schmälert.

UWE TIMM

IN DER FREIHEIT BILDET SICH DAS LEBEN AB

Freiheit ist das, aus dem alles entsteht. Die Natur ist frei in ihrer Entwicklung, ihrem Werden und Vergehen. In ihrem kreativen und unendlich scheinenden Schöpfungsakt schafft sie voller Fantasie Elemente, Stoffe, Bausteine, Organismen, Existenz in allen möglichen Farben und Verhaltensweisen. Die einzige Begrenzung, die ihr zugrunde liegt, sind die Gesetze, innerhalb derer sie wirkt. Freiheit ist das, was in Fabeln, Romanen, Geschichtsbüchern, Gedichten und gegenwärtigen Existenzen die Sehnsucht der Eingesperrten beflügelt.

Wir Menschen begrenzen unsere Freiheit in unnötiger Weise. Einerseits sind auch wir den Gesetzen, welche die Natur uns vorgibt, unterworfen. Ebenso jedoch sind wir den Gesetzen der Ökonomie unterworfen, die uns, ob wir es akzeptieren oder nicht, dazu zwingt, unser menschliches Handeln subjektiv auf jene Art und Weise einzusetzen, wie es ein jeder, subjektiv, für sich als am gewinnbringendsten erachtet. Da unser Leben, und auch alle weltlichen Güter nach denen wir streben, letztlich endlich und sohin als knapp bezeichnet werden kann, sind wir dem Schicksals verhaftet, nicht alles haben zu können, was wir haben wollen – wir müssen uns in jeder Minute des Lebens entscheiden.

Vielleicht mag es diesem Umstand geschuldet sein, also dem ersten ökonomischen Gesetz, nach dem alle Güter knapp sind, vielleicht aber auch dem Machtdurst der Menschen, dass diese scheinbare Enge überwinden werden soll – per Gesetz, das die Verhältnisse eines Schlaraffenlandes zu erschaffen verspricht. Durch die daraus resultierende Gesetzesflut, die per definitionem als hyperinflationäre Intervention der Politik in das menschliche Leben bezeichnet werden kann, wird der sogenannte Mach(t)barkeitswahn zum Wesen der Politik. Alles ist möglich, wenn "wir" nur wollen. Alles ist ein Ausdruck des Willens oder Unwillens. Nicht sichtbare, aber mit Logik erfassbare Gesetze, wie sie in der Natur vorkommen, werden in der Ordnung einer menschlichen Gesellschaft, der Ökonomie als Lehre des menschlichen Handelns, bestritten, um herrschaftliche Dystopien im Sinne alternativloser Ideologie gegenüber selbstbestimmten Utopien postulieren zu können.

Staat bedeutet Herrschaft von Menschen über Menschen. Es bezeichnet einen Zustand, der davon ausgeht, dass die meisten Menschen unfähig sind, für sich selbst, richtige Entscheidungen zu treffen oder aber die Ignoranz einzusehen, dass Menschen aus falschen Entscheidungen sehr viel für sich lernen können. Indem man Menschen davon abhält, Falsches zu tun, können sie nicht durch eigene Erfahrung den Standpunkt von richtig und falsch erkennen. Menschen davor zu bewahren, Erfahrungen zu machen, bewahrt Menschen davor, zu leben. Leben selbst ist ein ergebnisoffener, für einen jeden, sehr individuell gedeihender Prozess. Was man daraus zieht, das einem widerfährt, obliegt dem Resümee des Individuums.

Politik, die darauf abzielt, richtige und falsche Erfahrungen steuern zu wollen, beabsichtigt nicht weniger als die Kontrolle über die Menschen. In der Praxis bedeutet das einen erst allmählich spürbaren Verlust der individuellen Freiheit. Dem folgt ein Niedergang mit alledem, was die schöpferische Substanz der Freiheit in sich birgt.

NACHWORT

„Für die Freiheit ist kein Preis zu hoch. Sie ist der Atem des Lebens.
Was würde ein Mann nicht geben um den Preis seines Lebens?"
MAHATMA GANDHI

Freiheit ist ein gemeinsames Anliegen aller Menschen. Der 17. Juni verbindet weltweit symbolisch viele Ereignisse, in deren Mittelpunkt die Freiheit steht. In den USA kam beispielsweise am 17. Juni 1885 die Freiheitsstaue im Hafen von New York an. Die Freiheitsstatue symbolisiert die von beiden Völkern 1775 und 1789 geforderte und ersehnte Freiheit. In Frankreich erklärte sich am 17. Juni 1789 der Dritte Stand zur Nationalversammlung und beschloss zwei Monate später die Erklärung der Menschen- und Bürgerrechte. In Island ist der 17. Juni Nationalfeiertag, weil sich 1944 die Isländer von der Herrschaft Dänemarks befreit haben.

Es gibt also gute, universelle Gründe, am 17. Juni die Freiheit zu feiern. In Deutschland fand bekanntlich am 17. Juni 1953 ein spontaner Volksaufstand statt. Die erste Massenerhebung gegen ein sozialistisches Regime und für bessere, freiheitlichere Lebensverhältnisse war ein politisches Zeichen für die Völker hinter dem Eisernen Vorhang. Der Aufstand in der DDR wurde von der sowjetischen Besatzungsmacht gewaltsam und blutig niedergeschlagen, die Sehnsucht nach Freiheit blieb. Es folgten weitere Aufstände wie der Prager Frühling 1968 und die Streiks in Danzig 1980, zuletzt die Freiheitsrevolution 1989/90.

Der 17. Juni 1953 zählt zu den drei herausragenden deutschen und europäischen Revolutionen gegen Unterdrückung und Unfreiheit – neben 1848/49 und 1989/90.

Am 3. Juli 1953 erklärte der Deutsche Bundestag den 17. Juni zum „Tag der deutschen Einheit" und gesetzlichen Feiertag. Durch den Vertrag zur deutschen Wiedervereinigung wurde 1990 stattdessen der als Feiertag die Menschen weniger berührende 3. Oktober zum Tag der Deutschen Einheit bestimmt, der Tag an dem der Beitritt der DDR zur Bundesrepublik Deutschland wirksam wurde.

Wir möchten unabhängig von gesetzlichen Feiertagen den 17. Juni als Tag der Freiheit etablieren. Der 17. Juni ist ein Symbol dafür, dass das Freiheitsstreben des Menschen durch keine noch so große Macht und durch keine Form von Gewalt besiegt werden kann. Er steht auch stellvertretend für die weltweiten, auf den ersten Blick vielfach erfolglosen Kämpfe für die Freiheit: für den Warschauer Aufstand wie den Amerikanischen Unabhängigkeitskrieg, den Kampf gegen die Apartheid wie die Deutsche Revolution von 1848, aber auch für das Aufbegehren der Völker in jüngster Zeit in der Ukraine, im Iran oder in Nordafrika und Nah-/Mittelost.

Auch wenn die gesellschaftliche Freiheit sich heute oft nur innerhalb bestehender Grenzen von Nationen verwirklichen lässt, ist der Tag der Freiheit ein weltweit verbindender und nicht nur national beschränkter Tag. Deshalb wollen wir jeweils am 17. Juni

1. die Freiheit feiern,
2. uns derer erinnern, deren unermüdlichem Einsatz wir die bereits erhaltene Freiheit verdanken,
3. den Blick darauf lenken, wie heute noch Regierungen mit unterschiedlichen Begründungen die Freiheit ihrer Bürger beschneiden,
4. all derer gedenken, die nicht in Freiheit eben und für diese Freiheit oft unter Einsatz ihres Lebens kämpfen,
5. jeden dazu aufrufen, seine Freiheit jeden Augenblick zu leben, zu verteidigen – sich über die verfügbare Freiheit zu freuen und für mehr Freiheit einzusetzen.

Das Freiheitswerk (www.freiheitswerk.org) hat zum Tag der Freiheit die Aktion „17 Zeilen für die Freiheit" ins Leben gerufen. Die vorstehenden 17 Einsendungen von Teilnehmern des Tags der Freiheit sind im 17-Zeilen-Format zuerst im Internet (http://tag-der-freiheit.org/) veröffentlicht worden; sie geben einen Eindruck von der Vielfalt der Perspektiven auf die Freiheit und die damit verbundenen Empfindungen.

Das Freiheitswerk

Die Freiheit wurde über alle Zeiten und Länder, Völker und Kulturen, Geschlechter und Lebensalter hinweg unter großen Opfern erkämpft und verteidigt. Selbst die schlimmsten Unterdrückungsregime haben niemals Unfreiheit als Wert propagiert, weil jeder Mensch sich danach sehnt, frei zu sein.

Dennoch wird noch überall auf der Welt die Freiheit in verschiedenen Formen und Graden eingeschränkt:

- indem Selbstbestimmung verweigert wird,
- indem in das Eigentum der Bürger eingegriffen wird,
- indem das Leben bedroht wird.

Auf offensichtliche Weise sind davon die Menschen betroffen, die in Diktaturen leben. Weniger wahrnehmbar geschieht diese Einschränkung in Ländern, die nach außen hin wie demokratische Staaten erscheinen. Schließlich wird aber auch in unserem eigenen Land und in Europa jeden Tag in die Freiheit eingegriffen.

Freiheit ist kein Zustand, den man ein für allemal herstellen kann. Um Freiheit muss täglich gerungen werden. Für Freiheit muss zudem täglich geworben werden. Am Tag der Freiheit haben wir dafür Zeichen gesetzt. Wir möchten Sie einladen, sich für die Freiheit einzusetzen – gerne auf ganz alltägliche Weise. Schließlich geht vom Alltäglichen eine große Wirkung aus. Zudem gehört das Alltäglich-Praktische wesentlich zur Arbeit des Freiheitswerks.

Das Freiheitswerk (http://freiheitswerk.org/) ist eine junge Freiheitsinstitution mit Sitz in Berlin, deren Motto *Freiheit leben!* lauten könnte. Die Arbeit des Freiheitswerks besteht aus drei Bausteinen:

Baustein 1: Information

- Informationsvermittlung zu existierenden Lösungen für eine freie Gesellschaft.
- Erstellung von fehlenden Informationen und Lösungen.

Baustein 2: Vernetzung

- Bereitstellung von Netzwerken, die den Prinzipien des Freiheitswerks entsprechen.
- Ausrichtung von Konferenzen und anderen Veranstaltungen zum Thema Freiheit.

Baustein 3: Aktion

- Bereitstellung von Organisationen und Strukturen, die Selbstbestimmung und freiwilligen Austausch ermöglichen.
- Förderung der Anwendung der Freiheitswerksprinzipien bei Institutionen, die davon abweichen.

Im zweiten Jahr der Gründung vereint das Freiheitswerk bereits eine Reihe von Freiheit schaffenden Projekten unter seinem Dach. Dazu zählen unter anderem

- die **Freiheitsfreunde** (http://freiheitsfreunde.net/), die lokal im deutschsprachigen Raum Veranstaltungen durchführen, auf denen sich Freunde der Freiheit kennenlernen können,
- neben der Organisation des **Tags der Freiheit** am 17.Juni (http://tag-der-freiheit.org/) die **„Große Freiheit“**,

(http://grossefreiheit.info/), eine Konferenz, deren zweite Auflage in Vorbereitung ist,

- das internationale Kooperationsprojekt **„Price of the State"**, das die Auswirkungen der Staatstätigkeit auf den Bürger transparent macht,
- der Aufbau von Kompetenzzentren zu Themen wie z.B. **„Bildung", „Geld und Geldpolitik", „Freiheit und Religion"** und **„Recht"** (http://freiheitswerk.org/themen/).

Die Mitarbeiter des Freiheitswerks schaffen im Rahmen dieser Projekte Inseln der Freiheit, die kontinuierlich vergrößert werden. Auf dieser Basis sollen in Zukunft praktische Projekte aufsetzen, die bestehende Beschränkungen abschaffen, das Prinzip Zwang durch das Prinzip Vertrag ersetzen und so Stück für Stück zu einer freieren Gesellschaft beitragen.

AUTORENVERZEICHNIS

KRISTOF BERKING, Jurist, Journalist, Filmemacher, Hamburg.

GÉRARD BÖKENKAMP, Dr. phil., Referent Grundsatz und Forschung beim Liberalen Institut der Friedrich Naumann Stiftung für die Freiheit, Berlin.

JULIEN BÖKER, Student der Wirtschaftswissenschaften an der Universität Hannover.

CHRISTOPH BRAUNSCHWEIG, Prof. d. Staatl. Wirtschaftsuniversität Jekaterinburg, Sachbuchautor, Leitung Hayek-Club-Mittelrhein, Bad Neuenahr.

TOMMY CASAGRANDE, Autor bei Freitum, FreiwilligFrei und LieberLibertarismus, Graz.

DAVID DÜRR, Prof. Dr. iur., LL.M. (Harvard Law School), lehrt Privatrecht und Rechtstheorie an der Universität Zürich, Wirtschaftsanwalt und Notar, Basel.

ISABELL HEUBER, Dr. rer. pol., Wirtschaftsanalystin, Berlin.

FRIEDRICH HEYE-WEINERT, M.A. Wirtschafts- und Sozialgeschichte, Mitarbeiter bei Frank Schäffler, MdB, Berlin.

GREGOR HOCHREITER, Oekonomika. Institut für angewandte Ökonomie und christlich-abendländische Philosophie, Wien.

CHRISTIAN HOFFMANN, Prof. Dr., Forschungsleiter am Liberalen Institut, Zürich.

MICHAEL KASTNER, Softwareentwickler, Gründer von buchausgabe.de, Flörsheim.

MATTHIAS KELM, Ph.D. cantab., Ökonom der Österreichischen Schule, Independent Economic Advisor für Tareno (Luxembourg) S.A., Athen.

HENNING LINDHOFF, stellv. Chefredakteur der Zeitschrift „eigentümlich frei", Köln.

LUDWIG VON MISES, Prof. Dr. iur., Nationalökonom, Wien, New York.

GORDON MÜLLER-ESCHENBACH, Lifecoach, Führungskräfteentwickler und Autor, Berlin.

MICHAEL VON PROLLIUS, Dr. phil., Publizist, Gründer von Forum Ordnungspolitik, Senior Experte beim Freiheitswerk für Geld/Geldpolitik, Berlin.

SANDRA VON PROLLIUS, Dr. med., Fachärztin für Allgemeinmedizin, Berlin.

HARALD VON SEEFRIED, Rechtsanwalt, Präsident des Verwaltungsrates ADLITZ AG, Zürich.

UWE TIMM, libertärer Autor und Publizist seit 1955, Treuhänder der Mackay-Gesellschaft 1974-1984, Neu Wulmstorf.

Bildunterschrift: Angehörige der Volkssolidarität überreichen
sowjetischen Soldaten Geschenke.

ADN-ZB 1. 7. 1953
Berliner danken den sowjetischen Soldaten

Immer wieder bringt die Berliner Bevölkerung den Angehöri-
gen der Sowjetischen Armee ihren Dank für das überlegte
Eingreifen am 17.6.1953, dem Tag der faschistischen Provoka-
tion, zum Ausdruck.